108 citat om kärleken

Amma

108 citat om kärleken
Amma

Publicerad av::
   Mata Amritanandamayi Center
   P.O. Box 613
   San Ramon, CA 94583
   Förenta Staterna

Copyright 2025 © Mata Amritanandamayi Mission Trust, Amritapuri, Kollam Dt., Kerala, Indien 690546

Enligt upphovsrättslagen får ingen del av denna publikation arkiveras eller lagras i något system, överföras, återges, transkriberas eller översättas till något språk, i någon form eller på något sätt, utan föregående skriftligt tillstånd från förlaget, med undantag av korta citat i recensioner.

Webbplats: www.amma.se
Internationellt: www.amma.org

1.

Kärleken är vårt sanna väsen. Kärleken begränsas inte av kast, religion, ras eller nationalitet. Vi är alla pärlor trädda på samma tråd av kärlek. Att uppväcka denna enhet och sprida kärleken, som är vår sanna natur, är det mänskliga livets verkliga mål.

2.

"Är jag verkligen kär – eller är jag bara för bunden?" Kontemplera den frågan så djupt ni kan. De flesta längtar inte efter äkta kärlek, utan efter någon att binda sig vid. På sätt och vis lurar vi oss själva. Vi misstar bundenhet för kärlek. Kärleken är mittpunkten och bundenhet är periferin. Sikta på mittpunkten.

3.

Skönheten finns i hjärtat. Kärlek gentemot alla ger verklig skönhet och upphöjer både givaren och mottagaren. Skönheten i våra ögon ligger inte i ögonens smink utan i en kärleksfull blick. Det leende som lyser upp ett ansikte fyllt av kärlek är det vackraste på jorden.

4.

De flesta av oss tänker ständigt på de förluster vi har gjort i livet. Vi glömmer den största vinst vi kan erhålla – och det är kärleken. Låt ert sinne öppna sig fullständigt, så kommer ni att uppleva kärleken med all dess doft och skönhet.

5.

Kärleken är grunden för ett lyckligt liv, men medvetet eller omedvetet har vi glömt denna sanning. När vi inte uttrycker kärlek i våra ord och handlingar, är det som honung innesluten i en sten – den gör ingen nytta för någon. När familjer kan uttrycka kärlek till varandra, kommer frid och harmoni att råda i hemmet och i samhället.

6.

När vi ser på andra såsom vi ser på oss själva, finns det ingen individualitet. Kärleken och medkänslan är det språk som de blinda kan se och de döva kan höra. Att ge en hjälpande hand till en försummad själ, att ge mat till de hungriga och att skänka en vänlig blick till någon som är ledsen och nedslagen – det är kärlekens språk.

7.

Om vi lägger ner både hjärta och själ i en aktivitet, omvandlas den till en enorm inspirationskälla. Resultatet av en handling utförd med kärlek får en skönjbar närvaro av ljus och liv i sig. Kärlekens verklighet kommer då att attrahera människor mycket starkt.

8.

Bakom alla fantastiska och oförglömliga händelser finns ett hjärta. Kärlek och en osjälvisk inställning ligger bakom alla verkligt stora gärningar. Bakom alla goda ändamål finns någon som har avsagt sig allt och ägnat sitt liv åt det.

9.

När vi inser att all kärlek – vare sig den kommer från en man eller hustru, ett barn, ett djur eller en växt – kommer från en och samma gudomliga källa, då börjar vår kärlek utstråla ljus och fridfullhet precis som månskenet. Att utveckla den insikten skapar harmoni i våra liv.

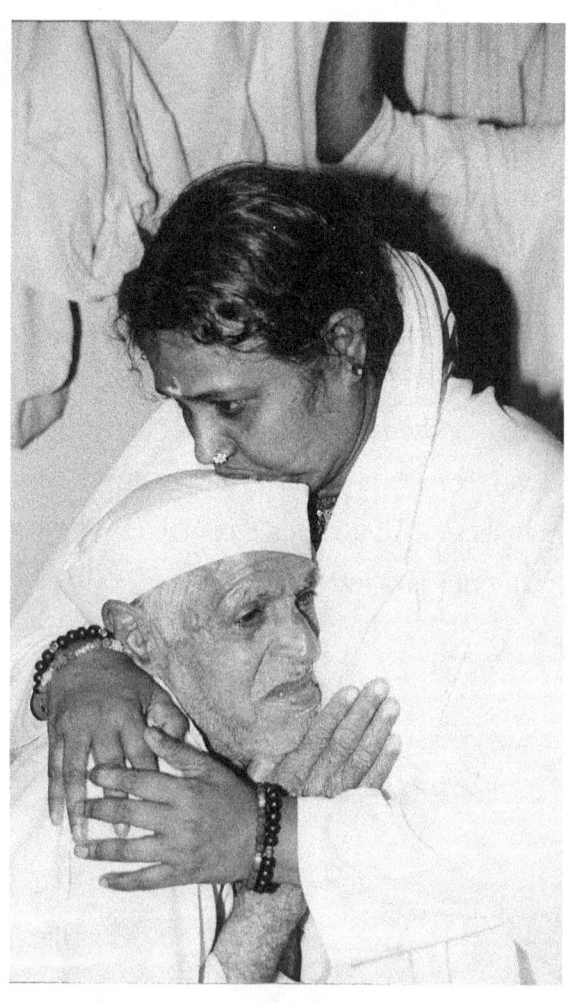

10.

Hitta er inre harmoni, den vackra sången om livet och kärleken. Nå ut till de lidande och var till nytta för dem. Lär er att sätta andra före er själva. Men bli inte förälskade i ert eget ego – bara för att ni råkar hjälpa andra. Var mästare över ert sinne och ego. Ta hänsyn till alla, för var och en är en port till det egna Självet (Atman).

11.

Arbete kan vara uttröttande och ta vår energi, men kärleken är aldrig tröttande eller tråkig. Kärleken fyller våra hjärtan med mer och mer energi. Den gör allting evigt nytt och fräscht. När vår existens är grundad i ren kärlek, hur kan vi då någonsin känna leda? Leda uppstår endast i kärlekens frånvaro. Kärleken fyller ständigt livet med fräschör.

12.

Där det finns sann kärlek behövs inget annat. Det i sig självt leder till att man blir helt absorberad. När vi utvecklar kärlek och beslutsamhet för målet, kommer vi automatiskt att förlåta och glömma – det blir möjligt för oss att inta en inställning av uppoffring.

13.

Ju mer dedikerade ni är, desto öppnare blir ni. Ju öppnare ni är, desto mer kärlek får ni uppleva. Och ju mer kärlek ni ger, desto mer nåd får ni ta emot. Det är Guds nåd som för er till målet.

14.

Den rena kärleken är ett ständigt överlämnande, ett ständigt överlämnande av allt som tillhör er. Men vad är det egentligen som tillhör er? Endast egot. Kärleken förtär alla förutfattade idéer, fördomar och bedömanden i sina lågor – allt som härrör från egot.

15.

Inse att den eviga lycksaligheten finns i ert eget Själv. När kärleken inom er uttrycks i yttre handlingar, upplever ni verklig lycka.

16.

När ni är lyckliga är era hjärtan öppna – och den gudomliga kärleken kan flöda in i er. Och när kärleken är väl förankrad inom er, då är ni lyckliga. Det är en cykel: lycka drar till sig kärlek, och kärleken gör er lyckliga.

17.

Om vi går tillräckligt djupt in i oss själva, finner vi att samma tråd av den universella kärleken binder samman alla varelser. Det är kärleken som förenar allt.

18.

En droppe vatten kan inte kallas för en flod. En flod bildas av många droppar som rinner tillsammans. Det är föreningen av dessa otaliga droppar som skapar flödet. Tillsammans är vi en kraft, en oslagbar kraft. När vi arbetar tillsammans, hand i hand i kärlek, är det inte bara en enda livskraft – utan den kollektiva livsenergin som oavbrutet flödar i harmoni. Från denna oupphörliga ström av enhet kommer vi att få se fredens födelse.

19.

Närhelst ni går igenom en svår tid i livet är det bra att påminna er själva: "Jag förväntar mig inte kärlek från andra – för jag är inte någon som behöver älskas av andra. Jag är själva kärleken. Jag är en outsinlig källa till kärlek, som alltid kommer att ge kärlek och inget annat än kärlek till alla som kommer till mig."

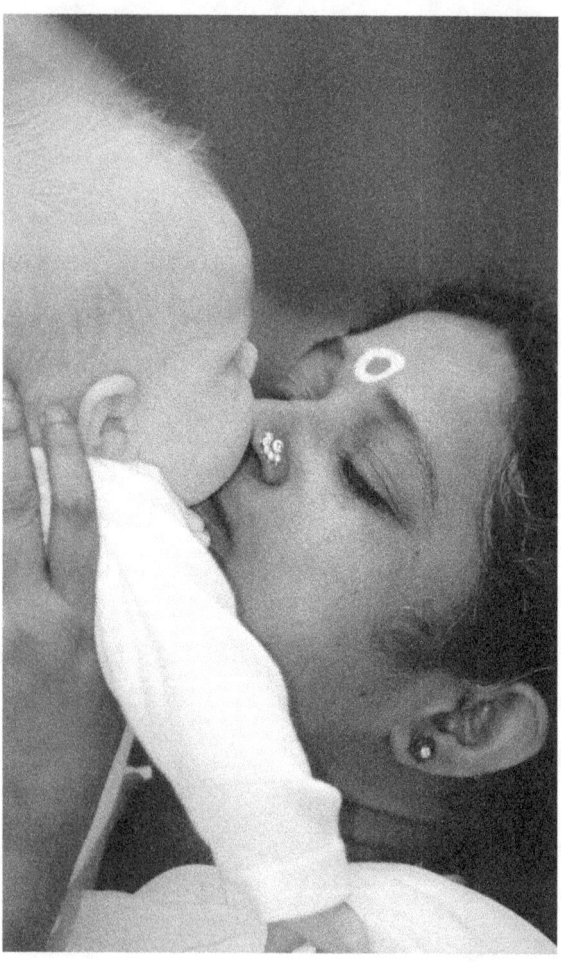

20.

Den sanna kärleken kan inte avvisas. Den kan bara tas emot med ett öppet hjärta. När ett barn ler – oavsett om det är en väns barn eller en fiendes barn – kan vi inte låta bli att le tillbaka, eftersom barnets kärlek är så ren och oskyldig. Ren kärlek är som en vacker blomma med en oemotståndlig doft.

21.

Den rena kärlekens kraft är oändlig. I sann kärlek går man bortom kroppen, sinnet och alla rädslor. Kärleken är själens andetag – vår livskraft. Ren, oskyldig kärlek gör att allt blir möjligt. När ert hjärta är fyllt av kärlekens rena energi, blir till och med den mest omöjliga uppgift lika lätt som att plocka en blomma.

22.

Ju mer kärlek vi ger, desto mer av det Gudomliga uttrycks inom oss. Precis som vatten från en evig källa aldrig sinar, oavsett hur mycket vi tar ur den, växer också vänligheten inom oss – ju mer vi ger av den.

23.

Livet och kärleken är inte två – de är lika oskiljaktiga som ett ord och dess mening. Vi föds i kärlek, lever vårt liv i kärlek och sammansmälter slutligen med kärlek. Sanningen är: Det finns inget slut på kärleken. Endast genom kärlek kan livet frambringas och blomma. Eftersom kärleken är vår medfödda natur, kan det inte finnas någon manifestation av något slag utan denna kraft bakom.

24.

Kärleken kan åstadkomma vad som helst. Det finns inget problem som den inte kan lösa. Den kan bota sjukdomar, läka sårade hjärtan och transformera sinnen. Genom kärleken kan alla hinder övervinnas. Den kan hjälpa oss att frigöra oss från alla fysiska, mentala och intellektuella spänningar och därigenom skapa frid och lycka. Kärleken är som ambrosia – den ger livet dess skönhet och charm.

25.

Kärleken är en universell religion. Den är vad samhället verkligen behöver. Kärleken bör uttryckas i alla våra ord och handlingar. Den kärlek och de andliga värderingar som ett barn får från sina föräldrar är barnets mest kraftfulla resurser inför vuxenlivets olika prövningar.

26.

I en perfekt relation mellan människan och naturen skapas ett cirkulärt energifält där de flyter in i varandra. Med andra ord, när vi människor blir förälskade i naturen, besvarar hon vår kärlek. Hon kommer inte längre att dölja sina hemligheter för oss. Hon kommer att öppna sin oändliga skattkammare och låta oss njuta av dess rikedom. Som en mor kommer hon att skydda oss, ta hand om oss och ge oss näring.

27.

När vi älskar varandra utan förväntningar, finns det ingen anledning att söka himmelriket någon annanstans. Kärleken är grunden för ett lyckligt liv. Precis som våra kroppar behöver rätt näring för att kunna leva och växa, får våra själar näring av kärleken.

28.

Vi kan inte ändra andras karaktär genom ilska. Endast genom kärlek kan de förändras. Förstå detta och försök att känna kärlek och medkänsla gentemot alla. Var kärleksfull även mot dem som irriterar er. Försök att be för dem. En sådan inställning hjälper ert sinne att förbli lugnt och fridfullt. När man förändras till det bättre luckras mönstret av handling–motreaktion upp och hjärtat öppnas för positiva egenskaper – som förlåtelse, tolerans och harmoni.

29.

Det är genom att osjälviskt dela som livets blomma blir vacker och väldoftande. När en blomma slår ut sprider sig dess ljuva doft omkring. På samma sätt, när den osjälviska kärleken vaknar inom oss strömmar den likt en flod ut i världen.

30.

Inom er finns en springkälla av kärlek. Dra nytta av den källan på rätt sätt, så kommer den gudomliga kärlekens energi att fylla era hjärtan och sprida sig utan gräns. Det finns inget ni kan göra för att få det att hända. Ni kan bara skapa rätt inställning inom er själva – då sker det av sig självt.

31.

Den verkliga kärleken finns i hjärtat. Den kan inte uttalas eller ens sättas ord på. Orden tillhör intellektet. Gå in i hjärtat, bortom ord och språk. När man verkligen älskar blir intellektet tomt; tankarna upphör – inga tankar, inget sinne, ingenting. Endast kärleken återstår.

32.

Försök att uttrycka kärleken och skönheten som finns inom er – genom era handlingar. Ni kommer då definitivt att vidröra själva lycksalighetens källa.

33.

Utför ert arbete och era uppgifter med hela ert hjärta. Försök att arbeta osjälviskt med kärlek. När ni går in fullständigt för allt ni gör, kommer ni att känna och uppleva skönhet och kärlek i alla era handlingar.

34.

Andlighetens mål är att förvandla vår begränsade kärlek till gudomlig kärlek. Låt oss därför fokusera på vad vi kan ge till andra och inte på vad vi kan ta för oss själva. Detta kommer att åstadkomma en djup förvandling i våra liv.

35.

Oavsett om det är andlig eller världslig kärlek, är det kärlek. Skillnaden ligger endast i djup och grad. Andlig kärlek är villkorslös och obegränsad, medan världslig kärlek är ytlig och begränsad. Vakna upp till kunskapen: "Jag är det Högsta Självet. Jag är obegränsad och har en oändlig potential inom mig."

36.

Om solen lyser ner på tusen olika kärl fyllda med vatten, blir reflektionerna många. Men de speglar var och en samma sol. På liknande sätt, om vi lär känna vem vi verkligen är, då ser vi oss själva i alla människor. När den insikten uppstår, lär vi oss att ta hänsyn till andra och ha överseende med deras svagheter. Och genom detta vaknar den rena kärleken i vårt inre.

37.

Det uppvaknade Moderskapets kärlek är en kärlek och medkänsla som vi känner inte bara för våra egna barn, utan för alla människor, djur, växter, berg och floder – en kärlek som sträcker sig ut till hela naturen, till alla varelser. Vem som helst – kvinna eller man – som har modet att övervinna sinnets begränsningar, kan uppnå det universella moderskapets tillstånd.

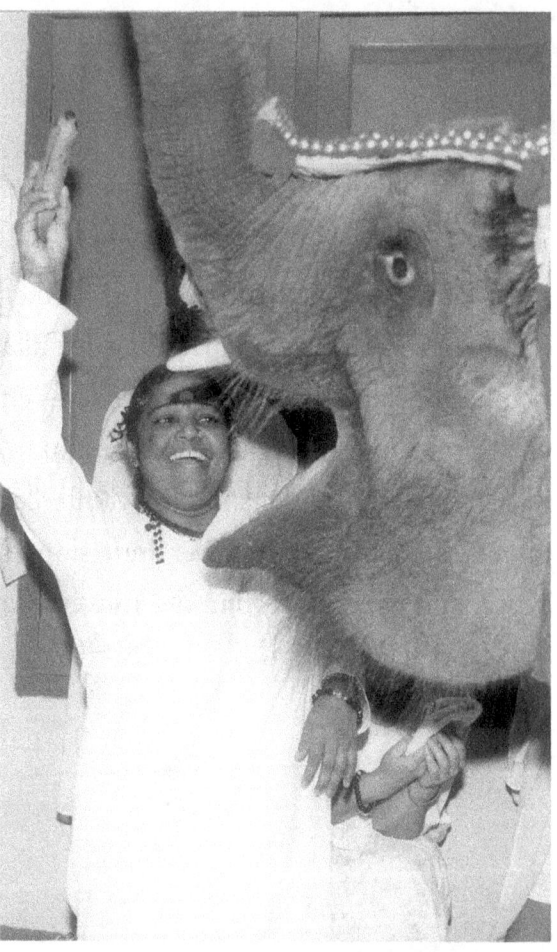

38.

Kärleken kan inte rymma två – den rymmer bara en. I vår ständiga, hängivna hågkomst av kärleken upplöses och försvinner "du" och "jag". Endast kärleken återstår. Hela universum ryms i den rena odelade kärleken. Den är oändlig – det finns ingenting som kan uteslutas av kärleken.

39.

Svårigheten ligger inte i att uttrycka kärlek, utan i att släppa egot. Kärleken är vår sanna natur. Den finns redan närvarande inom oss, men hålls tillbaka av våra individuella begränsningar. Vi måste växa ifrån vår individualitet för att kunna smälta samman med den universella kärleken. Egot står i vägen för kärleken. När väl egot har avlägsnats, flödar vi likt en flod.

40.

Våra hjärtan är det verkliga templet. Det är där vi behöver installera Gud. Goda tankar är blommorna som offras, goda handlingar är vår tillbedjan, vänliga ord är vår lovsång, och kärleksfullhet vår gudomliga offergåva.

41.

Det finns en omättlig törst i den rena kärleken. Man kan se och uppleva denna intensiva törst även i världslig kärlek, men i den andliga kärleken når intensiteten sin höjdpunkt. Hos en sann sökare blir kärleken som en skogsbrand – men ännu mer förtärande. Hela vår varelse brinner i intensiteten av kärlekens eld. I den flammande elden blir vi själva förtärda och sammansmälter helt med det Gudomliga.

42.

Den sanna kärleken är inte något som kan läras ut av någon, eller som man lär sig någon annanstans ifrån. Men i närvaron av en perfekt Mästare kan vi uppleva den verkliga kärleken – och med tiden utveckla den. Detta beror på att en Satguru (Självförverkligad Guru) skapar omständigheterna som gör det möjligt för kärleken att växa inom oss. Situationerna som Gurun skapar blir så underbara och oförglömliga att vi verkligen kommer att ta vara på dessa dyrbara och ovärderliga stunder. De förblir våra ljuvaste minnen för alltid.

43.

De händelser som den andliga Mästaren skapar binder samman en kedja av underbara minnen. Dessa minnen framkallar vågor och åter vågor av kärlek inom oss, tills ingenting återstår – utom kärleken. Genom dessa händelser smyger sig Mästaren in i vårt hjärta och vår själ och fyller oss med ren, oskuldsfull kärlek.

44.

Det finns kärlek, och så finns den verkliga kärleken. Ni älskar er familj – er far och mor, syskon, make eller maka och så vidare – men ni älskar inte er granne. Ni älskar er son eller dotter, men ni älskar inte alla barn. Ni älskar er religion, men ni älskar inte alla religioner. På samma sätt älskar ni ert land – men inte alla länder. Detta är inte verklig kärlek, utan bara så kallad "kärlek". Att förvandla en så kallad kärlek till den sanna kärleken är andlighetens mål.

45.

Kärleken bara händer. Den stiger plötsligt upp i hjärtat som en oundviklig, obehindrad längtan efter enhet. Ingen tänker på hur man älskar eller när och var man ska älska. Rationella tankar hindrar kärleken. Kärleken är bortom logik, så försök inte förstå den med förnuftet. Det är som att försöka ge anledningar till att floden flyter, att vinden är så sval och mild, att månen lyser, att himlen är så vidsträckt, att havet är så djupt och väldigt, eller att blomman är så vacker och väldoftande. Rationalisering dödar skönheten och charmen i allt detta. De är till för att njutas, upplevas, älskas och kännas.

Försöker man förstå dem rationellt, går man miste om skönheten och behaget i känslorna som kärleken väcker.

46.

En moders ansvar kan inte överskattas. Modern har ett enormt inflytande över sina barn. När vi ser glada, fridfulla individer – barn med ädla egenskaper och ett gott sinnelag, män som visar stor styrka när de möter motgångar och svåra situationer, människor med djup förståelse, sympati, kärlek och medkänsla för de lidande, och de som osjälviskt ger av sig själva – då finner vi ofta en underbar mor som inspirerat dem till att bli det de är.

47.

Mödrar har störst förmåga att så frön av kärlek, universell gemenskap och tålamod i våra sinnen. Det finns ett särskilt band mellan mor och barn. Moderns inre egenskaper överförs till barnet även genom hennes bröstmjölk. Modern förstår sitt barns hjärta. Hon låter sin kärlek flöda in i barnet, lär ut livets goda lärdomar och tillrättavisar barnets misstag.

48.

Må vårt livsträd vara stadigt rotat i kärlekens jord. Må goda gärningar vara löven, vänliga ord dess blommor och frid dess frukter. Låt oss växa och utvecklas – som en enda familj förenad i kärlek.

49.

Att finna det sanna Självet och att älska alla lika är samma sak. För när ni lär er att älska alla lika uppstår verklig frihet. Innan dess är ni bundna – slavar under egot och sinnet.

50.

Precis som kroppen behöver mat för att kunna överleva och växa, behöver själen kärlek. Kärleken ingjuter en styrka och vitalitet som inte ens modersmjölk kan skänka. Vi lever alla för – och längtar efter – äkta kärlek. Vi föds och dör i vårt sökande efter denna kärlek. Mina barn, älska varandra och förenas i den rena kärleken.

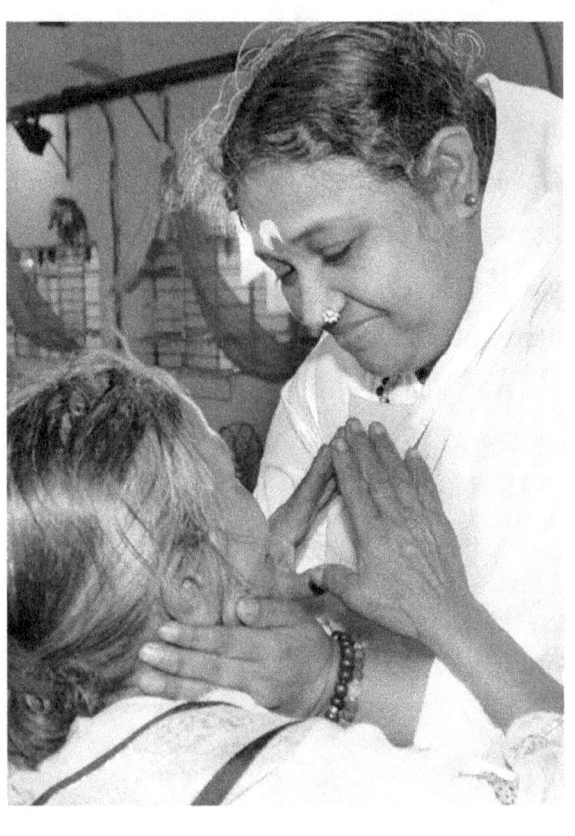

51.

Ingen älskar någon annan mer än de älskar sig själva. Bakom var och ens kärlek ligger ett själviskt sökande efter egen lycka. När vi inte får den lycka vi förväntar oss från en vän, blir vännen ofta vår ovän. Detta är vad vi kan se i världen. Endast Gud älskar oss osjälviskt. Det är genom att älska det Gudomliga som vi kan lära oss att älska och tjäna andra osjälviskt.

52.

Ren kärlek är den bästa medicinen för den moderna världen. Kärlek är vad som saknas i alla samhällen. Grundorsaken till alla problem, både personliga och globala, är bristen på kärlek. Kärleken är den sammanbindande faktorn, den förenande kraften i allt. Kärleken skapar känslor av enhet och samhörighet bland människor, medan hat och egoism orsakar splittring och sliter sönder människans sinne. Kärleken måste råda. Det finns inget problem som kärleken inte kan lösa.

53.

För att kunna utveckla kärlek behöver man befinna sig på en plats där kärleken verkligen kan växa. Att leva i närvaron av en fullkomlig Mästare är det bästa sättet att utveckla kärlek. Den andliga Mästaren skapar både inre och yttre omständigheter som hjälper hjärtat att fyllas med kärlek. Mästaren arbetar direkt med lärjungens vasanas (latenta tendenser) som utgör de främsta hindren på kärlekens väg.

54.

Verklig utveckling sker i den enhet som föds ur kärlek. Moderns bröstmjölk ger barnet styrka och livskraft, vilket gör att alla organ växer hälsosamt och i rätta proportioner. Men det är inte bara mjölk som flödar från moderns bröst – det är även moderns värme, kärlek och tillgivenhet som förmedlas till barnet genom mjölken. På samma sätt är kärleken den "bröstmjölk" som hjälper samhället att utvecklas som en helhet. Kärleken ger den styrka och vitalitet som krävs för att samhället ska kunna utvecklas utan splittring.

55.

En blommas doft färdas bara i vindens riktning. Men godhetens doft färdas i alla riktningar. Vi kanske inte kan hjälpa alla i världen, men om vi uttrycker vår kärlek och medkänsla till några människor omkring oss, kommer de att föra vår kärlek vidare, och snart sprids den som länkarna i en kedja.

56.

Krafterna av orubblig tro och oskuldsfull kärlek kan tränga in i sfärer dit varken intellekt eller logik kan nå.

57.

Man kan bara känna kärlek genom att uttrycka den. Anledningen till att vi lever ett andligt liv är för att vi ska lära oss förlåta andra för deras misstag och att älska dem i stället för att stöta bort dem. Vem som helst kan avvisa människor, men att acceptera alla är svårt. Genom kärlek kan vi leda andra från fel till rätt. Om vi däremot förskjuter någon för deras misstag, kan det mycket väl få dem att fortsätta begå dem.

58.

Vi älskar andra därför att de ger oss lycka och uppfyller våra önskningar, lyder oss, respekterar oss eller har en hög uppfattning om oss. Annars älskar vi dem inte. Om någon hatar oss, ersätts kärleken ofta av hämndbegär. Detta gäller även dem som står oss närmast. Om de inte gör som vi säger, eller om de är respektlösa mot oss, kanske vi inte älskar dem. Där det finns verklig kärlek finns ingen självhet. Vi måste kunna älska utan att förvänta oss någonting av någon.

59.

När det inte längre finns någon motvilja eller fientlighet – då är det kärlek. När varje motvilja försvinner ur sinnet, förvandlas sinnet till kärlek. Det blir som socker – vem som helst kan komma och ta del av det, njuta av sötman utan att behöva ge något tillbaka. När ni älskar och tjänar mänskligheten, blir ni en källa till näring för världen.

60.

Mina barn, den gudomliga kärleken är vår sanna natur. Den lyser inom var och en av oss. När ert hjärta är fyllt av oskuldsfull kärlek finns inget ego där. I det tillståndet är bara kärleken närvarande – er individualitet försvinner och ni blir ett med det Gudomliga.

61.

När ett barn vill ge oss något, kan det inte avvisas eftersom barnets kärlek är fullständigt ren och obefläckad. När man lever i äkta, oskuldsfull kärlek, finns det inga motsatta känslor – såsom renhet eller orenhet, bra eller dåligt osv. Det finns bara kärlek. Ren kärlek kan inte avvisas.

62.

Kärleken bara flödar. Vem som helst som är villig att ta steget och dyka i, accepteras sådan som han eller hon är. Det finns inga villkor eller förutsättningar. Om ni inte är villiga att hoppa i, vad kan då kärleken göra? Den fortsätter att flöda där den är. Kärleken säger aldrig "nej" utan ständigt: "Ja, ja, ja."

63.

När ni öppnar upp kommer ni att upptäcka att solen alltid skiner och vinden alltid blåser – och bär med sig den gudomliga kärlekens ljuva doft. Det finns inga villkor, inget som tvingar. Tillåt bara dörren till ert hjärta att öppna sig – ni kommer att se att den aldrig varit låst. Dörren har alltid varit öppen, men i er okunnighet trodde ni att den var låst.

64.

Den verkliga kärleken uppstår bara när all bundenhet till individer, föremål och intressen faller bort. Då blir kampen en vacker lek av osjälviskt tjänande, som sträcker sig ut till hela mänskligheten med kärlek och medkänsla. I den striden slåss inte ert ego – men kärleken kommer att slåss för att förtära egot och förvandla det till kärlek. Endast i kärlekens ljus försvinner rädslans skugga.

65.

I denna intellektets, logikens och vetenskapens tidsålder, har vi glömt hjärtats känslor. Ett vanligt uttryck världen över är att man har fallit för någon eller något. Ja, vi har fallit ner i en självcentrerad och materialistisk förälskelse. Vi är oförmögna att resa oss och vakna upp till den verkliga kärleken. Om vi måste falla – låt det bli från huvudet till hjärtat. Att resa oss i kärlek – det är andlighet.

66.

När vi älskar något så går en ständig, oavbruten ström av tankar till det objektet. Våra tankar handlar bara om det. Därför behöver vi koncentration för att verkligen kunna älska – och för att verkligen kunna koncentrera oss behöver vi älska det objektet, vad det än är. Det ena kan inte existera utan det andra. En forskare i sitt laboratorium måste vara djupt koncentrerad. Var kommer den koncentrationen ifrån? Från hans djupa och intensiva intresse för ämnet. Varifrån kommer detta djupa intresse? Det är resultatet av den intensiva kärlek han har till sitt speciella ämne eller studieområde. Å andra sidan utvecklas kärleken när man koncentrerar sig intensivt på ett ämne.

67.

Vi bör försöka se saker som de verkligen är. Vare sig det gäller ett objekt eller en person, kan dess natur inte vara annan än den är. Om vi förstår detta, kan vi på rätt sätt respondera – istället för att reagera. Vi kan inte ändra på andras natur genom vår ilska. Endast kärleken kan förändra dem. Förstå detta – och be för deras bästa med kärlek och medkänsla. Försök att vara kärleksfull även mot dem som gör er upprörda. Detta är ett genuint gensvar. En sådan inställning hjälper sinnet att bli lugnt och fridfullt.

68.

Det som är orent måste bli rent. Alla orenheter behöver smälta bort och försvinna. Detta sker i den hetta som skapas av smärtan vi upplever i vår separation och längtan efter den gudomliga kärleken. Detta lidande kallas för tapas. Gopierna (herdinnor som var fullkomligt hängivna Krishna) blev helt identifierade med Krishna genom den smärtan. Deras vånda var så olidlig och intensiv att deras individualitet försvann fullständigt – de sammansmälte med sin älskade Krishna. Orenhet orsakas av känslor som "jag" och "min" – egots känslor. Egot kan inte utrotas om det inte förbränns i kärlekens smältugn.

69.

Den äkta kärleken upplevs när det inte finns några villkor. Där kärleken är närvarande kan inget påtvingas. Tvång används bara när vi uppfattar andra som annorlunda än oss. Villkorlig kärlek existerar inte där fullkomlig enhet råder. Själva idén om tvång försvinner i det tillståndet. Då bara är ni. När ni blir en öppen kanal kan den universella livsenergin flöda genom er. Låt det Högsta Medvetandet ta över och avlägsna alla hinder från dess flöde – så att strömmen av allomfattande kärlek får flyta fram i sitt förlopp.

70.

I den äkta kärleken finns ingen bundenhet. Vi måste gå bortom alla triviala mänskliga känslor för att uppnå den högsta kärleken. Med andra ord vaknar kärleken först när obundenhet uppstår. Kärleken innebär en mycket stor självuppoffring. Vid vissa tillfällen kan detta orsaka stor smärta – men den äkta kärleken kulminerar alltid i evig lycksalighet.

71.

I den rena kärleken finns ingen börda. Ingenting blir en börda i den äkta kärleken – eftersom där inte finns något begär. Den sanna kärleken kan bära hela universum utan att känna någon tyngd. Den orkar bära hela världens lidande utan att uppleva minsta smärta.

72.

Gud är den enda som verkligen älskar oss utan att förvänta sig något tillbaka. Mina barn, även om alla varelser i hela världen älskade oss, skulle det ändå inte motsvara mer än en bråkdel av den kärlek vi upplever från Gud i varje ögonblick. Det finns ingen annan kärlek som kan mäta sig med Guds kärlek.

73.

I kärlekens yttersta tillstånd blir den som älskar och den Älskade ett. Men även bortom detta finns ett tillstånd där det inte finns någon kärlek, älskare eller älskad. Kärlekens yttersta tillstånd kan inte beskrivas i ord. Dit leder den andliga Mästaren er till slut.

74.

En vacker melodi från en flöjt finns varken i flöjten eller i flöjtspelarens fingertoppar. Man skulle kunna säga att den kommer från kompositörens hjärta – men inte ens där går den att finna. Vad är då den ursprungliga källan till musiken? Den ligger bortom allt detta. Den uppkommer ur det Gudomliga, men egot förmår inte känna igen denna kraft. Bara genom att lära oss leva från hjärtat, kan vi uppfatta och erfara den gudomliga kraften i vårt liv.

75.

En blomma behöver inga instruktioner för att blomma. Ingen musiklärare har lärt näktergalen att sjunga. Det sker spontant. Det finns ingen ansträngning inblandad här. Det händer naturligt. På samma sätt öppnas ert hjärtas slutna knopp i närvaron av en Självförverkligad Mästare. Ni blir mottagliga och oskuldsfulla som barn. Mästaren undervisar inte — men ni lär er ändå, utan ord. Hans eller hennes närvaro och kärlek — själva liv — är den djupaste undervisningen. Det finns ingen press, ingen kontroll — allting sker naturligt och ansträngningslöst. Bara kärleken kan skapa detta mirakel.

76.

En rishi (vis helig själ) skapar aldrig splittring i livet. Eftersom rishin har fördjupat sig i sitt eget Självs mysterier – kärlekens och livets själva kärna – kan han verkligen älska. Han upplever liv och kärlek överallt. För honom finns det inget annat än liv och kärlek, som strålar ut i prakt och härlighet. Därför är rishin den "verklige forskaren" – han experimenterar i det inre laboratoriet, i sitt eget väsen, och vilar ständigt i kärlekens odelade tillstånd.

77.

Där det inte finns några begär, finns det ingen sorg. Vi måste kunna älska alla utan att förvänta oss något tillbaka. Det är inte lätt att älska alla, men vi kan åtminstone försöka att inte bli arga på människor eller såra dem. Vi kan börja på den nivån. Tänk er att varje människa är sänd av Gud – då kommer ni att kunna vara vänliga och kärleksfulla mot alla.

78.

En andlig människa bör bli som vinden. Att uppleva livets enhet vidgar vårt sinne, öppnar vårt hjärta och sprider kärlek till hela skapelsen. Det första som krävs – tillsammans med hågkomsten av Gud – är att älska alla och allt, både förnimmande och icke-förnimmande. Om vi har denna storhet i hjärtat, är befrielsen inte långt borta.

79.

Den rena kärleken överskrider kroppen. Den uppstår mellan hjärtan och har ingenting med kroppar att göra. Där den sanna kärleken finns, finns inga hinder eller begränsningar. Även om solen är långt borta blommar lotusblommorna i dess ljus ändå. I sann kärlek finns inget avstånd.

80.

Kärleken är det enda språk som varje levande varelse kan förstå. Den är universell. Frid och kärlek är desamma för alla. Liksom honung är kärleken alltid ljuv. Var som ett honungsbi som samlar kärlekens nektar var det än befinner sig. Sök godheten i allt och alla.

81.

Det finns tre uttryck för kärleken som kan väcka oss inifrån: kärlek till sig själv, kärlek till Gud och kärlek till hela skapelsen. Här handlar det inte om egots själviska kärlek, utan om att älska livet – att se både framgångar och misslyckanden i vårt mänskliga liv som Guds välsignelse – samtidigt som vi älskar den Gudomliga Kraften som är inneboende i oss. Detta utvecklas till gudskärlek. Om dessa två komponenter är närvarande, uppstår den tredje komponenten – kärlek till hela skapelsen – helt naturligt.

82.

Endast hjärtat kan vägleda en människa, men hjärtat har glömts bort. Kärleken är formlös. Endast när kärleken ständigt flödar genom en människa, antar den en form som vi kan uppleva, annars kan vi inte erfara den. När någons hjärta är fyllt med kärlek och medkänsla öppnas vårt eget hjärta spontant – likt en blomma som slår ut. I kärlekens närvaro öppnar sig hjärtas slutna blomknopp.

83.

Kärleken kan inte tvinga. Den är det rena medvetandets närvaro – och den närvaron kan inte tvinga. Den bara är. Den rena kärlekens energi finns inom er. Den behöver bara vakna.

84.

Den världsliga kärlekens anda är inte beständig. Dess rytm växlar – den kommer och går. I början är den alltid underbar och entusiastisk, men blir gradvis mindre spännande och underbar, tills den slutligen blir ytlig. I de flesta fall slutar världslig kärlek i upprördhet, hat och djup sorg. I motsats till detta har den andliga kärleken ett bottenlöst djup, ett djup och en vidsträckthet som inte kan mätas.

85.

Andlig kärlek skiljer sig från världslig kärlek. I början är den underbar och fridfull. Men strax efter den fridfulla början kommer lidandet av längtan. I mellanperioden blir lidandet starkare och starkare – alltmer outhärdligt. Detta följs av en olidig smärta av längtan som består ända till precis före enheten med den Älskade uppnås. Denna enhet är ännu mer obeskrivligt underbar än kärlekens början. Kärlek av det slaget kan aldrig förtvina eller försvagas. Den andliga kärleken är alltid levande, både inom oss och i det yttre. Den är oföränderlig och vi lever i den kärleken varje ögonblick.

86.

Kärleken kommer att sluka er. Den kommer att förtära er fullständigt – tills inget "jag" längre finns och endast kärleken återstår. Hela er varelse kommer att förvandlas till kärlek. Den andliga kärleken når sin höjdpunkt i en förening – i Enheten.

87.

Gud dväljs djupt i våra hjärtan, i form av oskuldsfullhet och ren kärlek. Vi behöver lära oss att älska alla lika och att uttrycka den kärleken – därför att i vårt innersta väsen är vi alla ett: en och samma Atman (det innersta Självet), ett och samma gränslösa Medvetande. Kärleken är Guds ansikte.

88.

Moderskapets natur är inte begränsad till kvinnor som fött barn – den är en inneboende princip hos både kvinnor och män. Detta moderskap är en sinnesinställning. Det är kärlek – och den kärleken är själva livets andetag. När vår känsla av det universella moderskapet har vaknat blir vår kärlek och medkänsla gentemot alla en lika stor del av vårt väsen som att andas.

89.

Kärleken upprätthåller allting. Om vi tränger djupt in i livets olika aspekter och områden, finner vi att gömd under allting finns kärleken — och vi upptäcker att kärleken är kraften, energin och inspirationen bakom varje ord och handling.

90.

När man lär sig att älska alla lika, uppstår genuin frihet. Utan kärlek kan det inte finnas någon frihet och utan frihet kan det inte finnas någon kärlek. Evig frihet kan bara uppstå när all vår negativitet dragits upp med rötterna. I det tillståndet av allomfattande kärlek, kan den undersköna doftande blomman av frihet och den högsta lycksaligheten veckla ut sina kronblad och blomstra.

91.

Allteftersom kärleken blir mer subtil blir den kraftfullare. När den når djupare in i hjärtats innersta upplever vi att vi upphöjs i kärleken. Slutligen når vi tillståndet av fullständig identifiering med den Älskade – och inser att vi inte är åtskilda. Det är då vi blir ett. Det är det högsta steget och höjden av sann kärlek. Det är dit kärleken ska föra oss.

92.

Vi är alla förkroppsligandet av den Högsta Kärleken. Kärleken kan jämföras med en stege. De flesta människor stannar på det nedersta steget. Stanna inte kvar där. Fortsätt klättra, ett steg i taget. Stig upp från det nedersta steget till det högsta – från den emotionella nivån till det högsta tillståndet av Varande, till kärlekens renaste form.

93.

Den sanna kärleken är den renaste formen av energi. I det tillståndet är kärleken inte en känsla, utan ett oupphörligt flöde av rent medvetande och obegränsad kraft. En sådan kärlek kan jämföras med våra andetag. Vi säger inte "Jag skall bara andas när jag är med min familj och mina vänner, aldrig när jag är med mina fiender eller dem jag hatar". Nej, var vi än är och vad vi än gör så sker andningen helt spontant. På samma sätt ger den sanna kärleken till alla och envar utan någon åtskillnad, och utan att förvänta sig något tillbaka. Bli en som ger, inte en som tar.

94.

Det är den omsorg och det tålamod vi visar i de små tingen som leder oss till stora prestationer. När vi har tålamod har vi också kärlek. Tålamod leder till kärlek. Om vi öppnar bladen på en blomknopp med våld, kan vi inte njuta av dess skönhet och doft. Bara när den blommar naturligt kommer dess härlighet och doft att avslöjas. På liknande sätt behöver vi tålamod för att kunna njuta av livets skönhet.

95.

Ett örhänge, armband, näsring och halsband består huvudsakligen av rent guld. Det är bara deras utseende som skiljer dem åt. På samma sätt uppenbarar sig den allomfattande Gudomligheten i olika namn och former i den här mångskiftande världen. När vi verkligen förstår den sanningen, återspeglas detta i alla våra tankar, ord och handlingar – i form av kärlek, medkänsla och osjälviskhet.

96.

Att hjälpa andra utan att förvänta sig något i gengäld är verklig seva (osjälviskt tjänande). Detta är kraften som upprätthåller världen. Att hängivet älska och tjäna andra kan jämföras med en cirkel, eftersom en cirkel har varken början eller slut. Kärleken har inte heller någon början eller något slut. Genom osjälviskt tjänande kan vi bygga en bro av kärlek – en bro som för oss alla tillsammans.

97.

Inget arbete är obetydligt eller meningslöst. Den mängd kärlek och medvetenhet vi lägger ner i vårt arbete gör det betydelsefullt och underbart. Nåd flödar in i ett arbete som utförs med ödmjukhet. Vår ödmjukhet fyller det med skönhet.

98.

Att överlämna sig är, liksom kärleken, inte något man kan lära sig av böcker, en viss person eller genom att studera på universitet, utan det sker när vår kärlek växer. Faktum är att överlämnande och kärlek utvecklas samtidigt. Till slut måste vi överlämna oss till vårt eget sanna Själv, men detta kräver mycket mod. Vi behöver ha en orädd inställning för att kunna offra vårt ego. Detta kräver att vi välkomnar och accepterar allting utan känslor av sorg eller besvikelse.

99.

Intellektet och hjärtat bör komma samman som ett. Då kan den gudomliga nåden flöda in i oss och skänka tillfredsställelse i våra liv.

100.

Vi behöver älska Gud för att kunna utvecklas på den andliga vägen. Gudskärlek innebär inte bara kärlek till en gudomlig gestalt eller till en bild eller en symbol – det är bara början. Verklig gudskärlek är att älska varenda aspekt av skapelsen, att se det Gudomliga i allt och alla.

101.

Om ni ser hur en smed arbetar, så hettar han först upp och mjukar upp en järnstång och sedan slår han på den med en hammare för att skapa den form han vill ha. Precis som järnstången måste bli mjuk – tillåt den andliga Mästaren att smälta ert hjärta med kärlek och sedan forma det med kunskapens hammare.

102.

Om en person gör hundra goda handlingar och begår ett enda misstag, kommer människor att förakta och förkasta honom. Men om en person begår hundra misstag och utför bara en enda god handling, kommer Gud att älska och acceptera honom. Bind er därför endast till Gud.

103.

Den som verkligen älskar Amma är den som kan älska alla lika mycket.

104.

När vi förstår hur obetydlig vår bundenhet till världen är och hur sublim Guds kärlek är, kan vi ge upp all vår bundenhet. Det är precis som blommorna på ett träd som vissnar bort för att trädet ska bära frukt. När frukten börjar växa, faller alla blommor automatiskt.

105.

Den kärlek ni upplever står i proportion till den kärlek ni ger.

106.

Mina barn, all den kärlek som världen erbjuder leder slutligen till sorg. Det finns ingen osjälvisk kärlek i den här världen. Vi tror att vi blir lyckliga av att andra älskar oss – men lyckan finns inte i någon annan eller i något objekt. Lyckan kommer inifrån oss själva. Verklig lycka och evig frid kan bara komma från den Gudomliga Kärleken och den Kärleken kan bara upplevas när vi ser skapelsen som en helhet.

107.

Egot kan bara brytas upp genom kärlekens smärta. Precis som en fröplanta bara kan komma fram när fröets yttre skal bryts upp, uppenbaras Självet när egot bryts upp och försvinner. När en fördelaktig atmosfär skapas, börjar det potentiella trädet i fröet känna obehaget av att vara fängslat i sitt skal. Det längtar efter att få komma upp i ljuset och friheten. Det är den intensiva drivkraften inuti det latenta trädet som bryter upp skalet. Brytandet innebär smärta, men den smärtan är ingenting i förhållande till det manifesterade trädets härlighet. När plantan väl kommit fram blir skalet betydelselöst.

På samma sätt, när tillståndet av Självförverkligande har uppnåtts, mister egot sin betydelse.

108.

Den rena, osjälviska kärleken är vår bro till Gud.